Johann Georg Heinzmann

Kleine Schweizer Reise im August 1796

Johann Georg Heinzmann

Kleine Schweizer Reise im August 1796

ISBN/EAN: 9783743694866

Hergestellt in Europa, USA, Kanada, Australien, Japan

Cover: Foto ©Andreas Hilbeck / pixelio.de

Weitere Bücher finden Sie auf **www.hansebooks.com**

Kleine

Schweizerreise

im August 1796.

von

Johann Georg Heinzmann.

Basel,

gedruckt bei Wilhelm Haas, dem Sohne.

1797.

Alle Jahre mache ich eine kleine Schweizer=
reise, theils meiner Gesundheit wegen, theils
aber auch um die mir unbekannten Gegenden
des Vaterlandes näher kennen zu lernen.

Diesmal rückte ich von Bern bis gegen
Uri hin. Meine Route gieng über Zofingen,
Luzern, den See hinauf nach Altdorf; von
da zurück auf Brunnen, Schwyz, über den
Lowertssee nach dem Riggiberg; von dort nach
Art — über den Zugersee auf Zug und Hor=
gen; — am Zürchersee herab nach Zürich —
auf Baden und von da zurück auf Bern. —
Diese ganze Reise ward in 13 Tagen voll=
bracht. Ich gieng allein — denn ich wollte
frey reisen; gewöhnlich wird man durch Rei=
segesellschafter von seinem eigenen Reiseplan

abgeführt. Man kann nie bleiben wo man
wünscht, nie fortkommen wie man wünscht,
nie leben und ökonomisiren wie man wünscht,
nie die Gelegenheiten so gut mitnehmen, die
man etwa zufällig antrift, als wenn man
frey — wenn man einzig ist. Freylich hat
das Gesellschaftliche ungemeine Reize auf dem
Wege, man kann sich seine Empfindungen
mittheilen, man fühlt die Langeweile des ein=
samen Fortwandelns nicht so drückend. Aber
da selten eine Straße so leer ist, daß man
nicht einen Fremden oder Einheimischen an=
zutreffen hoffen könnte, so hat es auch das
Angenehme, daß man eigentlich mehr mit
fremden Leuten lebt, daß man ihre Gesell=
schaft desto emsiger sucht, daß uns jeder
Bauer, jeder Pilger, der uns aufstößt,
willkommen ist, deßen Gespräche uns wohl
mehr unterrichten als die wir mit gewöhn=
lichen Freunden, die man schon kennt, an=
haltend fortsetzen können.

Kein Land kann man so oft und in so

verschiedenen Absichten bereisen, wie die
Schweiz. — In diesem kleinen Land ist der
Schauplatz so mannigfaltig, das natürliche
Große so vielfältig, so reizend in jedem
neuen Anblick, daß man zehenmal wieder
kommen kann, und jedesmal vormals unent=
deckte, vielseitigere Gegenstände zu besehen
findet. Vor jedem andern Land hat die
Schweiz also den Vorzug, daß sie die Auf=
merksamkeit des Naturfreundes unaufhörlich
beschäftiget und allemal ganz befriediget. Und
wie so viele reizende Gelände trift man an,
vorzüglich auf den Berghöhen, daß wenn man
sie einmal gesehen hat, man alle Jahr eine
Art von Heimweh fühlt, sie wieder zu besuchen!

Es hängt auch sehr viel davon ab, in wel=
cher Tageszeit, ob früh oder um Mittag oder
Abend man eine Gegend beschaut; noch we=
sentlicher aber ist es in welcher Jahrszeit man
reiset. Der May, oft schon der April
gewähren die schönsten Tage. Die Sommer=
monathe sind zum Bergsteigen nicht die besten,

denn Kühlung und Schatten machen die
Reisen gesund und angenehm. Nichts ent=
kräftet mehr und benimmt alle Seelendispo=
sition zum Genuß, als die drückende Sonnen=
wärme, im Junius, Julius. — Der Augustus
und Anfang September, das ist meine Pil=
gerzeit. Man thut gern auf alle Schönheiten
der Natur Verzicht, wenn man von der
Sonnenhitze ermattet, sie in einer zur Freude
unempfänglichen Stunde genießen soll.

Ich hatte gut Wetter; die Früchte wurden
eingeführt, Leben und Gesellschaft war auf
der Landschaft. Zu solchen Zeiten reiset man
auch am sichersten — und vorzüglich diesmal
verklärte sich die Fruchtbarkeit dieses schönen
Jahrs in dem segenreichen August. Ich fand
große Aehrenfelder wo ich sonst nur Wiesen sah;
wo Graß=und Brachfelder lagen, wurde
jetzt ein vollwichtiges herrlich reifes Korn
geschnitten. Man rühmte mir überhaupt,
daß die Erndte ⅓ Theil mehr ausgegeben habe
als in vorigen Jahren. Gott — Vater der

Armen! sey in deiner Allmacht gepriesen!
Wir waren so nahe am Hungertod! und du
weyhest uns wieder ein zum Leben durch eine
überschwenglich reiche Erndte! die Seufzer
der Armen kamen vor dich, denn du bist der
Armen Vater! Aller Augen warten auf dich
Herr! dies riefen wir in unsern Kirchen in
besondern Bußfesten, und sie waren dir wohl-
gefällig, denn noch wohnt Ruhe, Freyheit,
Eigenthum bey uns! unter deinen heiligen
Fittigen, o, Herr der Heerscharen! werden
wir wohl ferner sicher wohnen, wenn wir uns
nur mit Ernst an dich — und an deine Rechte
halten. Gott verläßt kein Volk, das sich
nicht selbst verläßt und von ihm trennt! —
Da die Kornsaat so reichlich lohnt, sollten
brave Patrioten die Güter haben nicht den
Ackerbau der Wiesenkultur vorziehen? da es
auch wohl nöthiger ist, erst Brod zu haben,
und dann erst Nidlen und Anken, Wein und
Fleisch. Ich hoffe dieses gesegnete Jahr werde
eine Aufmunterung für unsere Landbewohner

seyn, ihr Erdreich ferner mit den nothwendigen
Getraidarten anzufäen, und die üppigen und
leichter entbehrlichen Anpflanzungen einge=
hen zu laſſen. Wäre dieſer Entſchluß eine
Folge des Krieges und der Theurung, — o
ſo hätten dieſe bittern Zeiten doch auch uns
etwas Großes für die Zukunft genützt! Mein
Herz ſpricht ein hofnungvolles Amen.

Die alten Schweizer ſchützten ſich in ihrer
Freyheit durch die reichen Bohnen=Pflanzun=
gen, woraus ſie Gemüße und Brod machten.
Am Zürichſee ſieht man noch viele ſolche
Pflanzungen. Das Brod iſt ſehr nahrhaft und
wohlſchmeckend; das war auch der Deutſchen
Nationalſpeiſe: — Bohnen und Schnitz —
Mehlſuppen und Obſtbier — und damit hatten
ſie genug, waren reich, geſund und blieben
freye Leute, dependirten nicht von den Lau=
nen und Zänkereyen ihrer üppigen Nachbarn,
und erſt in ſpätern Zeiten, als die Fabrikan=
ten und Manufakturiſten auffamen, führten
ſie eine andere Lebensart ein, vernachläßigten

oft darüber den Feldbau, sie verdarben ihre
Sitten, und ihre Freyheit war schon halb
dahin, denn man durfte ihnen nur den Brod=
korb hoch hängen, so mußten sie kriechen
und nachgeben. Jeder auswärtige Krieg traf
in neuern Zeiten auch die Schweizer, und
jede fremde Theurung war auch helvetische
Nationaltheurung! Beweis dessen unsere
Jahrbücher!

Ich wiederhole es: mit Entzücken bin ich
diesmal durch den Berner und Luzerner
Canton gereißt. Eine segensvolle Erndte
machte meine Freude so groß, weil ich auch
freudige Menschen sahe. Im Luzernergebiet
war es mir als in einem katholischen Lande,
merkwürdig, daß auch des Sonntags die Leute
auf dem Felde sammelten und einführten; und
doch war kein nahes Gewitter zu sehen, auch
hielt noch mehrere Tage das schöne Wetter
an. Es ist wahr, in schwülen heißen Tagen
ist man der Beständigkeit des Wetters
nie gewiß, also lobe ich den Eifer dieser sehr

vernünftigen Menschen; die mit Dank erfüll=
ten frohen Herzen die Gaben Gottes sammeln
und in ihre Scheunen führen — auch das ist
wahrer Gottesdienst! ich hörte aber auch in
den Wirthshäusern von einigen andern Katho=
liken, die weniger wohldenkend und vermuth=
lich nur neidisch waren, weil sie keine Erndte
einzuthun hatten, dagegen losziehen; es seyen
Sonntagsschänder, Gottesverächter, schlechter
als die Juden, die ihren Schabbis so heilig
halten, — das alles laße ich dahin gestellt
seyn, denn ich halte es eben so wenig mit
Juden, als mit solchen unzeitigen Frömm=
lern die sich dem Volk der Knechtschaft und
der Verwerfung durch sclavische Gesinnungen
gleichsetzen! Die Schnitter haben Taglohn
7 Batzen; Morgens eine Suppe; Mittags
Gemüß, Obst, Wein; Abends Suppen. Die
Leute kommen 40 Stunden weit bis in das
Luzernerische. Viele Thurgäuer trift man an;
von ihrem Verdienst werden sie wenig heim=
bringen, denn ich sah viele in Wirthshäusern

ſitzen, die ſich den r o t h e n Elſäſſer wohl
ſchmecken ließen! Ueberhaupt glaube ich, ge=
hen dieſe Leute mehr auf ein Erndtefeſt, ſich
wohl zu thun, als ſich einen Nothpfenning
zu holen.

An Z o f i n g e n gieng ich ſtill vorbey. Auf
die Stadt ſah ich aber mehrmals auf dem
Wege zurück. Sie gefällt im Anfang ſchwer=
lich, aber die Einwohner ſind ſo biedere,
liebe, redliche Leute, daß ich ſie recht herzlich
liebe, und unter dem guten Saamen noch
viele Zofinger zu finden ſeyn möchten.

Wenn irgend im Aergäu noch gute Sitten,
Häuslichkeit, bürgerliche Tugenden zu Hauſe
ſind, ſo kann man ſie zuverläßig in Zofingen
antreffen. Ach, wenn nur nicht modiſche
Romanenleſereyen auch dort die Liebe zur
Arbeitſamkeit, Unſchuld und Treue ſchwächen!
Wer ein Freund ſeines Volks iſt, entferne
von ſeiner Stadt, von ſeinen Kindern, dieſe
Peſtſeuche! —

Nach einer guten ſtarken Stunde war ich

im Luzernergebiet. Die Marienkapelchen und
die aufgerichteten Kreuze können einen ehrli=
chen Protestanten gleich daran erinnern, daß
er nicht in seiner Kirchgemeinde ist. Aber
warum siehet man so viele Kreutze ohne Chri=
stus? Ich gieng überall in die katholischen
Kirchen, die ich offen fand, denn für uns
Protestanten hat der katholische Gottesdienst
immer noch viel neues und besonderes, das
wir so selten sehen; seit 18 Jahren hab ich
in keinem katholischen Lande gewohnt; in
meiner Jugend aber sah ich in München und
Manheim die katholischen Ceremonien, be=
sonders bey den Prozeßionen an den Fronleich=
namsfesten, in ihrer ganzen Originalität.
Die Erfindungskraft der Herrn Decorations=
meister und Anführer mußte ich allemal be=
wundern und anstaunen. Doch war es mir
immer bange ums Herz.

Anfangs beym Eintritt in den Canton
Luzern sah ich das reich angefüllte Salz=Ma=
gazin des Staats, wo tyroler, bayerisches,

französisches Salz in großer Menge vorräthig
ist. Eben waren frische französische Lieferun-
gen angekommen. Ich fragte, ob sie auch von
dem steinharten Meersalz hätten? Nein,
sagten sie, aber sie kennen es wohl; man
habe es bey Menschen und Vieh sehr schädlich
gefunden, wenn es nicht vorher sorgfältig
gestampft worden. Sie erhielten jetzt über
Basel das allerschönste Salz aus den fran-
zösischen Salinen. Der Ankaufpreis sey sehr
billig, aber die Fracht mache diesen Artikel
im Preis steigen; doch fand ich, daß im Canton
Bern bey aller schweren Fracht der Verkauf-
preis noch niedriger ist, als in dem Luzerner
Canton *).

Eine schöne neugebaute Kirche am gleichen

*) Hier in Bern kostet jezt das Pfund Salz 3
französische Sols oder 1 Batzen — vor der theu-
ren Fracht war der Preis nur 3 ½ Kreuzer.
Wahrlich wohlfeil.
Gewiß opfert die Regierung von Bern große
Summen auf, um den Preis so niedrig zu erhalten.

Ort zog meine Aufmerksamkeit an sich; sie ist
noch nicht ganz vollendet, aber für eine Land-
kirche wird sie wirklich niedlich und edel
ausgeführt. Meine Verwunderung war um
so größer, da ich hörte, daß eines Luzerner
Landmanns Sohn, der Baumeister davon
sey. Auf dem Wege nach Sursee begegneten
mir Bauern, die erzählten, man habe eben
nach Luzern mehrere Franzosen gebracht, die
auf der Berghöhe die Wege und Gegenden
abzeichneten, und also Spionen seyn müßten.
Bald nachher hörte ich, daß es Künstler von
Basel seyen, die aus Kurzweil, da sie im
Bad zu Knutwyl gewesen, Berge zeichneten
und mit Maschinen abmaßen. Man habe
sie auch sogleich freygelaßen.

Bey Sursee hat mich die Aussicht auf
Mariazell ergözt. Ich ruhte da im kühlen
Schatten, den Sempacher See vor mir —
dort den romantischen kleinen Schauensee —
überall Fruchtbarkeit, süße melancholische
Ruhe.

Ich gieng in die Kirche zu Sursee; hörte die Sonntagspredigt, und wunderte mich, daß das Evangelium auf einer katholischen Kanzel grade mit den gleichen Worten der lutherischen Bibelübersetzung abgelesen worden. Das hat mich übrigens sehr gefreut, und ich hätte nur noch gewünscht, daß man diesen Gemeinden auch einige der herrlichen Kirchengesänge Luthers, die er noch als Katholik gemacht hat, gönnen möchte, denn der Ausgang aus den katholischen Kirchen ohne Gesang schien mir traurig, und nichts schikt sich für christliche Gemeinden besser, als rührender herzlicher Kirchengesang; es ersetzt oft den Mangel einer guten Predigt. Zum Mittagsessen gieng ich hinaus ins Bad Knutwyl, zu meinem vieljährigen verehrten Freunde Herrn Mahler, der dieses jetzt so stark besuchte und allgemein für so nützlich gehaltene Bad in den besten Zustand versetzt hat.—Zimmer, Badstuben, Remisen, Stallungen sind neu erbaut, und sein Eifer fährt fort alle Bequemlichkeiten zu verschaffen, so wie er sehen wird, daß das Publikum seinen guten Willen wohl aufnimmt. Das Bad ist heilsam für Wunden aller Art, für Geschwüre und Verhärtungen, für Leibesbeschwerden; auch für Hypochondristen und Ausschlagkrankheiten. Die Bewirthung ist sehr gut. Diesmal waren vorzüglich viele Basler da; wir waren zu 42 am Tische. — Katholiken und Reformirte kannten sich und lebten in guter brüderlicher Einigkeit. Wenn wir nur immer so lebten als wären wir bey einander auf einer Reise, so würden wir uns viel besser vertragen lernen — und was ist das menschliche Leben anders als eine Reise; — wo die Noth gegenseitige Hülfleistung fordert; wo wir einander rathen und jeder das seinige redlich mitwirken soll. Nur die Prahler und Faulen haben kein Recht auf unsre Hülfe.

Es hat mir gefallen, als mich Herr Mahler versicherte, am Tische sey von

Politik und Revolution die Rede selten noch
gewesen. Es ist das auch in der That beßer,
als beym Essen die Leute durch Nouvellen zu
echauffiren, die Gemüther zu kränken, die
eben ihre Speise in Ruhe genießen wollen,
und Kurgäste sind. An den großen Weltbe=
gebenheiten nimmt freylich jeder Mann von
gesundem Menschenverstand Antheil; da es
aber wider die gute Lebensart ist, andern seine
Meinung aufdringen zu wollen, so wird auch
wohl selten ein solches Tischgespräch, beson=
ders wenn man es zum Refrein aller seiner
Unterhaltung macht, überall Beyfall finden.
Beßer amüsirten sich einige geistliche Herren
mit den naivesten Erzählungen aus ihrer
Landsgemeine, und das that warlich dem
Herzen der Zuhörer recht wohl.

Bey Knutwyl fließt ein schöner spiegel=
reiner Bach. Er läuft auf Suhr und Arau.
Alle Jahre wird dieser Bach abgeschlagen, ge=
reiniget und sorgfältig gesäubert. Da dachte
ich — so sollten es auch die Regierungen

machen; sie sollten den Schlamm und Unrath,
die Mißbräuche und böse Gewohnheiten, die
sich nach und nach in ihre ursprünglich gute
Constitution einnisten, und sich wie Schlamm
ansetzen, ausfegen und reinigen; dann
würde der Staat gesund bleiben, so spiegel-
hell und sanft dahin fließen, wie dieser schöne
S u h r e r b a c h, der mir ein Symbol einer
guten Regierung bleiben soll.

Ich ließ mich gleichen Tags noch nach
Luzern führen. Es sind 5 gute Stunden.
Die Landschaft war voll fröhlicher Bauern.
Mehrere arbeiteten etwas zufälliges, viele
giengen auf dem Felde und in ihren Gärten
spazieren; denn sie halten einen solchen Spa=
ziergang oder auch die etwa nothdürftige
Landarbeit am Sonntag gegen Abend für
erlaubter und christlicher als in den Wirths=
häusern Dröhl=und Raufhändel anzufangen,
oder die Mädels zu verführen, wie so viele
ihrer Nachbauern mit ihrer schändlichen Kilt=
gängerey es wohl zu thun pflegen. Ueberhaupt

scheinen mir die Luzerner Stadt = und Land=
bewohner gutgeartete Vorurtheils freye Män=
ner zu seyn, sie wißen: daß Bescheidenheit
und Biedersinn den wahren Patrioten kennt=
lich machen; daß Prahlerey und Anmaßun=
gen sich für Schweizer nicht ziemen, und
daß man ein desto besserer Mensch ist, je
weniger man aus sich selbst macht; aber desto
mehr aus andern. —

In Luzern war ich schon einigemal und
jedesmal komme ich mit neuem Vergnügen
an diesen Ort zurück. Er scheint mir so
recht im Herzen der Schweiz zu liegen; die
höchsten Schweizergebürge öfnen sich vor der
Stadt zur Rechten und Linken; hier der
Riggi, dort der Pilatus! zwischendurch
der 9 Stunden lange spiegelhelle See — die
mannigfaltigste Landschaft glänzt in dem
reinen Waßer. Luzern liegt erhöhet auf
festem Boden, und ist ganz von Waßer ein=
geschloßen, mitten durch die Stadt läuft ein
rascher Fluß. Kühn ist diese Bauart der

Alten! und wer den großen Geist der Vor-
väter nicht darinn bewundern kann, wenn
er nicht sehen kann, daß es Männer ohne
Furcht müßen gewesen seyn, die auf solche
steile Höhen und an so starke Waßer bauten,
der kennt wohl die Empfindungen des Großen
und Erhabenen nicht!

Die Bauart der Häuser ist ohne große
Kunst, aber wird doch immer verändert.
Man hat mich versichert, daß vor dem großen
Brand die meisten Häuser blos von Holz
waren; und auch einige auf Eichenstämme
hingebaut. Ueberhaupt ist es merkwürdig,
daß in alten Zeiten beym Stadtbau man
vielmals wo Waldungen und Eichen gestanden, sie in erforderlicher Höhe abgesägt, die
Stämme stehen laßen, und so zu Postamen-
ten gebraucht und darauf hingebaut hat; —
wie man vielfältig noch solche Ueberbleibsel
antrift, und auch in der Stadt Bern bis zum
Jahr 1720 unten am Stalden dergleichen
Gebäude zu sehen waren.

Das Jesuiterkollegium betrachte ich alle=
mal aufs neue. Die Gallerie von Portraits
in den Gängen, wo alle merkwürdige Glie=
der des vormaligen Jesuiterordens abgebil=
det sind, ihre außerordentliche, zum Theil
schreckbare Physiognomien, können mich Stun=
denlang in Gedanken beschäftigen. Ich ver=
gegenwärtige mir die Zeiten ihrer Wirksam=
keit, denke an die Jahrhunderte zurück die
sie mit der Reformation zu gleicher Zeit
durchgeloffen; denn eben da die Kirchenre=
formation angefangen war, kamen die Je=
suiten auf. So mußte also ein Orden er=
scheinen, der noch alles was bisher kirchlicher
Despotismus ausgeübt, übertroffen hat; und
man kann sagen: daß bey weitem der Katho=
lizismus v o r Luther nicht so furchtbar war,
als er es n a c h Luther wurde, weil unter
den Jesuiten ein künstliches geheimes Kloster=
System der Macht und Herrschsucht aufkam,
um den Menschengeist so zu lähmen, so
furchtsam und bigot zu machen, daß man

die Leute brauchen konnte wozu man wollte.
Der katholische Glaube, vor den Jesuiten
war humaner, die aristotelische Philosophie
galt noch auf den katholischen Schulen — Au=
gustiner hatten aufgeklärte muntere freye
Köpfe; von katholischen Schulen giengen Lu=
ther, Reuchlin, Hutten, Melanch=
ton, Erasmus und so viele andere herr=
liche Menschen hervor! Nach der Erscheinung
der Jesuiten — nichts dergleichen! Und
doch rühmte man die Jesuiten als seyen sie
die Stammhalter der Gelehrsamkeit und
Religion bey den Katholiken gewesen! Wie
falsch! — Wie täuschend, — wie fatal für den
Orden selbst war ihre Politik! Die Gemälde
auf den drey Brücken in Luzern haben mir nie
recht gefallen wollen; die Verse müßen einen
geduldigen Leser haben, so wie überhaupt die
ganze Idee mehr ennuyant als anzüglich ist.
Zu dem sind der Bilder gar zu viele.

Das weibliche Geschlecht in Luzern scheint
mir die edle Tinktur von Bescheidenheit und

Anmuth zu haben, die bey gutem Verstande thront. Ihre Kleidung ist nett ohne Prunk, ihr Gruß herzlich ohne Frechheit, schamhaft ohne Sprödigkeit; ich behaupte, daß solche Frauenzimmer die Wächter der guten Sitten einer Stadt sind. Nur den Luxus entfernet ihr Volksregenten und Väter! und ihr habt das Vaterland gerettet!! — Denn — wo die Sitten der Weiber gut sind, da giebt es keine Revolutionen. Man hat mir auf meiner Reise erzählt, und ich habe der Beispiele viele gesehen, daß üppige Fremde blos darum gewiße Orte unsrer Schweiz gerne und oft bereisen, weil sie wegen der Libertinage sich etwas zu gut thun wollen, um ihren wilden Gelüsten zu folgen — wo die Gelegenheiten ihnen offen stehen, wo sie also auch ihre pestartige Sitten, ihre infernale Kunststücke, ihre anstekende Seuchen bey uns zurücklaßen, und wodurch das Uebel nach und nach so allgemein werden muß, daß kein Hausvater in seinem Eigenthum mehr sicher ist; keine Tugend ihre Freystätte hat. Das

Laster ist schon zu einer fürchterlichen Größe angewachsen und wird noch wachsen bis es seinen höchsten Grad erreicht hat, und dann erst kann man hoffen, daß die lang verhöhnte nüchterne Vernunft wieder ihre Rechte einnehmen werde, und den ganzen höllischen Bund gegen unsre Nationalehre und Nationalsicherheit mit offenen Augen sehen und verdammen werde. — Man sehe die Menge von zottigen Weidsprüchen, die abscheuliche Epigramme, Figuren und Schweinereyen die in allen Schweizer=Wirthshäusern an den Mauern meist in französischer Sprache hingesudelt und angeklext werden, und man schließe daraus was wir den Fremden zu verdanken haben. In keinem Lande findet man das so allgemein und so muthwillig!

Um 1 Uhr verreißte ich zu Schiff von Luzern auf Flüelen, wo wir um 9 Uhr ankamen. Wir waren 7 Stunden gefahren, denn 1 Stunde brachten wir zu Gersau zu. Ein Fremder und ich nahmen ein Schiff mit drey

Schiffleuten und zahlten 6 fl. oder L. 13. 10 f.
de france. Trinkgeld darf man aber immer
auch auf 1 fl. anschlagen, denn zu Gersau
hielten wir die Schiffer frey. Mit dem
ordinairen Postschiff, so wöchentlich dreymal
abgehet, würde es mich nur 10 bis 15 Batzen
gekostet haben. Doch ist die ungestörte Fahrt
mit eigener Gelegenheit und in guter Gesellschaft angenehmer. Unaussprechliches Vergnügen empfand ich am Riggi hinzufahren,
diesen Riesen der Berge stets vor mir zu haben,
und die Dörfgen und Häuschen zu sehen,
die an seinem Rücken hingebaut sind. Aber
wie erbärmlich klein und französisch spielend
erschien mir das Monumentchen von
gehauenem Stein, so der alte Raynal zu
seiner letzten Apotheose — hinkindelte, wollen-
de den Stiftern des helvetischen Bundes ein
Andenken, mehr aber sich ein Denkmal der
menschlichen Schwachheit setzen! Das arme
Weggis, wo der Erdrutsch vor 2 Jahren
so vieles zerstörte, brachte mich auf den

Gedanken: ob es denn nicht fast zu frevel=
haft sey, sich wieder an so gefährlichen Orten
anzubauen? denn ich sah viele neu gebaute
schöne Häuser; so wie ich auch bey Gersau
neue Häuser fand, die von überhangenden
Felsen stündlich erdrückt zu werden, fürchten
müßen. Wer kann denn da so vergnügt und
ruhig wohnen, wenn er doch überall neben
sich Ruinen der Vergänglichkeit, und große
herabgefallene Felsen siehet?

Bey der sogenannten Nase hatten wir
den reizendsten Anblick in das Unter=
waldnerland. Da liegt es wie ein
schöner Garten Gottes. Paradiesische Blicke
kann man hin in die unabsehliche Waßer=und
Landfläche werfen. Alles ist unendlich groß.
Da flog mein Geist hin zu Gott, und fiel
vor Ihm auf die Knie und betete seine All=
macht und Schönheit an! Sonne und Erde,
und du Sternenheer, wie viele Jahrtausende
bedarf eine Seele bis sie euch von eurer
Urquelle an bis zu euren Grenzen betrachtet

hat! O ich verstumme, denn Ewigkeiten
wechseln sich ab; es ist das Werk des Allva=
ters, der sich in seiner Kraft nie erschöpft;
bey Ihm wechseln die Wunder, denn sie ge=
hören zu seiner Natur—immer gehen sie in
ihrem Laufe fort, und mein Blick kann sie
nie erreichen; ich werde nur Punkte sehen,
so wie ich selbst nur ein Punkt in dem
großen Weltall bin.

Wenn man sich solche Empfindungen auf
einer Reise verschaffen kann, so ist sie gewiß
einiger Aufopferung werth, und die Kosten
und Mühseligkeiten vergüten solche Momente
der Freude, wie ich sie auf dem Vierwald=
stättersee zu ganzen Stunden gehabt, reich=
lich. — Ich fordere jeden Schweizer, der
sein Vaterland in seinen großen Parthien
kennen lernen will, auf, diese kleine See=
Reise doch ja in seinem Leben einmal
zu machen; die angenehmste Erinnerung
bleibt ihm davon unauslöschlich. Ich dankte
Gott für den Naturgenuß, den er mir auch

hier wieder beschert hat, und daß ich seine
Wunder an ihrer Urquelle betrachten und
meinem Herzen damit wohlthun konnte.

Das berühmte Grütlin wo die erſten
Eidgenoßen ſich öfters ſollen verſammelt haben,
iſt ein enges Thalgeländ, am Abhang eines
großen Berges, am See an.

Bey der Tellskapelle (1 Stunde von
Flüelen) ſteigen oft Fremde aus, die auf
die Stelle, wie die Schiffleute erzählen,
hinfallen und den Boden küßen den ein freyer
Mann zuerſt betreten hat. Mühſelig muß
die Flucht Tells über die ſteilen Berge
geweſen ſeyn, bis er dahin kam, wo er den
Landvogt antraf und erſchoß; ich habe in
Gedanken dieſe Wanderung mit Tell gemacht,
und ich hätte mich unfähig gefühlt, ſie in
der That mit ihm zu machen, denn ſolche
Berge zu erklettern, wie ich ſie jezt vor mir
ſah, und wo Tell durch mußte, wäre mir
unmöglich.

Die ganze Länge des Sees hin ſieht man

die prachtvollesten Steingebürge, die, wenn
die Sonne dagegen anprellt, wie Goldsäulen
glänzen; einige sehen ewigen Vestungswerken
des Erdballs ähnlich. Aber doch sind sie
nicht unzerstörbar, so wenig wie Werke
menschlicher Hände — denn die Zeit, die
alles mürbe, alles alternd, alles auflösbar
macht, hat auch an dem alten Steingebürg
ihre Rechte nicht aufgegeben. Sie zerreibt
und zerrüttet und zertheilt oft die eisenfeste-
sten Gebürge. So siehet man nicht weit
von Brunnen ein enormes Felsstück das
sich von der ungeheuern Höhe des Berges
losgemacht hat, und in den See hinabstürzte,
wo es jetzt wie eine Felsenpyramide mitten
im Wasser steht. Durch Erdbeben hat schon
oft die ganze Steinmasse gezittert. Das
große Erdbeben vor 20 Jahren hat auch ein
schreckliches Andenken bey den Einwohnern
dieses Landes zurückgelaßen. Sie erzählten
mir, daß die Steine überall herabrollten,
daß alte Schlößer, die da und dort noch

stunden, umgeworfen wurden, daß der See
brausete und tobte wie wenn ein Meersturm
gehet; zu Zeiten kochte und sprudelte das
Wasser wie in einem Kessel siedend.

Vor kaum 7 Jahren war der See wie faul,
alle Fische erkrankten und die Ausdünstung
war so giftartig, daß viele Leute wie von einer
ansteckenden Seuche starben.

Der Mond schien herrlich über uns, als
wir auf dem See nahe bey Flüelen an den
erhabensten Felsen vorbey schifften. Welch
ein neuer feyerlicher Anblick für mich, im
Mondglanz in solchen Gegenden zu reisen!
Vor mir hatte ich das Riesengebürg Hohen-
Achsen, zur Seite den Briestenstock
und im Hintergrund die ganze Kette von
bewachsenen schönen Felsen und fruchtbaren
Alpen, auf deren höchsten Spitze Schafe und
Geißen weiden, die den ganzen Sommer
keinen Stall sehen. Selbst Menschen über-
nachten im Freyen ohne Schutz und Schirm
auf diesen fürchterlichen Anhöhen. — Die

Lichterchen die hie und dort aus einsamen
Hütten blinkten, erhöheten diese feyerliche
stille Nacht = Scene.

Wir blieben in Flüelen im Zollhaus
über Nacht, wo man billig und gerecht be=
handelt wird. Des andern Morgens gieng
ich nach Altdorf hinein, so ein Spazier=
gang von einer halben Stunde ist. Still
und ruhig ist es in dieser Gegend. Von
großen starken Urner = Männern habe ich
keinen gesehen; sie sollen auch in den Bergen
selten seyn; hingegen kamen mir viele elende,
gebrechliche Personen zu Gesicht, und da ich
nachfragte, mußte ich hören, daß sich im
Lande überall viele dergleichen finden. Bettler
giebt es auch mehr als ich irgendwo sah.
Die Bevölkerung ist geringe.

Müller sagt in seiner Schweizerge=
schichte: daß man in Uri bis auf unsere
Zeiten ein Haus zeige, wo die ersten Frey=
heitsstifter sich oft nächtlicher Weile versam=
melten; — dieses Haus will niemand kennen,

und doch fragte ich Personen von allen Stän=
den. Der Thurm mit Wilhelm Tells Ge=
schichte bemahlt, ist aus neuern Zeiten, also
wenig interessant. Das Arsenal hat von
alten eroberten Waffen keinen sonderlichen
Vorrath; ich wollte ein Urihorn sehen, das
in vorigen Zeiten durch sein fürchterliches
Schlachtgethöne so berühmt war, es ist aber
keines bey der Hand gewesen. Die Krystall=
schleife ist eingegangen; die Krystallsäulen,
im Todtenhaus, so Andrä in seinen Brie=
fen so gerühmt hat, sind zusammengesezte
Stücke, mit Kütt fest gemacht, und ganz
unbedeutend, jezt auch vom Dunst der Oehl=
lampe die in der Kapelle brennt, schwarz
und grau geworden. — Bey den Erben des
Herrn Landammann Müller siehet man
eine schöne Sammlung von Steinarten die
in der Gegend sind gefunden worden.

Als ich eben in Uri war, befanden sich
einige meiner Bekannten auf dem Rathhause
und arbeiteten an einem neuen Plan für die

Artillerie. Schon lange dachte ich, wenn man in der Schweiz nur 10,000 Artilleristen wohl exercierte und alle andere Kriegsübungen einstellte, so könnte das Land sich freyer fühlen als bey allem dem Militz-Soldatenwesen, das so viele Leute von ihrer Arbeit wegziehet, und das sie doch niemals recht lernen, weil die wenigsten dazu auch Lust haben; hingegen sollte man die Freywilligen für die Artillerie aussuchen, ihnen etwas Besoldung geben, und diese Besoldungen müßte man von denen ziehen, die dafür zu Hause bleiben können. Eine brave Artillerie ist der Schweiz nöthiger als eine Armee von 200,000 Infanteristen, wovon bey uns die wenigsten habituelle Soldaten sind.

Da im ganzen Canton Uri kein Ackerbau ist, sondern Wieswachs und Viehzucht alles Eigenthum der Einwohner ausmacht, so muß auch in Zeiten der Theurung das Brod oft kaum zu haben seyn, denn man versicherte mich, daß die Einfuhr des Korns oft fehle.

Wenn stets aber die Theurung wachsen sollte, so werden die Leute doch zuletzt daran denken müßen, Pflug und Karst wieder zur Hand zu nehmen, die seit mehreren Jahrhunderten, als die Handelschaft über den Gotthard so stark zugenommen, in Abgang gekommen sind. Denn die Menge von Futter für die vielen Saumroße hat den Wiesenbau allgemein nothwendig gemacht, so wie auch jetzt die Burde Heu, so viel ein Mann tragen kann, mit 1 Neuenthlr. bezahlt wird. Ich fragte auch nach den vormals berühmten Urner Büffelochsen, man antwortete mir aber, und so viel konnte ich auch sehen, daß diese starke Stierzucht ziemlich ausgegangen und schwächere Generationen nach sich gezogen hat. Im August als ich da war, kostete das Pfund schwarz Brod 2 Batzen, ein Pfund Rind=oder Hammelfleisch 3 Batzen, das Pfund Zucker 16 Batzen, das Pfund Caffee 15 Batzen. Für das Mittagessen zahlte ich an einem mittelmäßigen Tische 20 Batzen oder L 3. de

france. Man trinkt italiänische Weine,
wovon die Maas des mittelmäßigen 10 bis
12 Batzen kostet; hingegen hat man auch Land=
obstwein, wovon die Maas oft nur 1 oder
2 Batzen kostet, und welchen gemeine Leute
mit gutem Wein vermischen, um ihn desto
kräftiger zu machen.

Als ich von Altdorf nach Flüelen zurück=
gieng, begegneten mir zwey Bauernknaben;
einer davon war 12 Jahr alt, der verlangte
ein Allmosen. Ich gab ihm keines, denn
nichts ist mir unerträglicher als junge Leute
zum Bettelstand aufwachsen zu sehen; sie ge=
wöhnen sich Müßiggänger zu werden, und
diese sind allemal ein schlechtes Gesindel.
Ich fragte ihn ob er in die Schul gehe?
Er sagte nein. Warum aber nicht? Der
Vater wolle nicht. Ob er Lust hätte lesen
und schreiben zu lernen? Ja, der Vater
verstehe es auch. Ist dein Vater zu Hause,
so führe mich zu ihm. Voll Freude führte
mich der Knabe, der mir gleich anfänglich

durch seine gute Miene gefallen hatte, zu
seinem Vater. Ich stellte ihm vor, wie un=
gerecht er an dem Kind handle, es so her=
umziehen zu laßen; daß er als Vater Pflicht
habe für das künftige gute Fortkommen sei=
nes Kindes zu sorgen, daß es ihn einst auf
dem Todbett freuen werde, wenn er einen
brauchbaren Sohn der Welt zurücklaße. Er
sprach: ja der Bube müße ihm was verdie=
nen, er könne kein Schulgeld für ihn zahlen.
Ich antwortete: die wenige Stunden die er
Vormittags und Nachmittags in der Schule
zubringt, werden gewiß statt des Herumlau=
fens auf der Straße wohl einzubringen seyn,
und dann giebt es ja so viele Regentage,
Sonntage, Wintertage, wo die jungen Leute
auf dem Lande nur müßig sitzen, wie gut
wäre es dann wenn der Kleine sich mit Schrei=
ben und Lesen beschäftigte, es müßte den
Eltern ja selbst Freude machen; — kurz ich
sprach dem Mann auf alle Weise zu. Nun
fügte ich bey: ich wolle das Schulgeld bezahlen,

der Knabe soll mich zum Schulmeister führen,
und ich werde es mit ihm auf ein halb Jahr
richtig machen; Bücher wolle ich ihm auch
senden; Da sagte endlich der Vater ja, und
dankte mir noch. — O, wie eilten wir, ich
und der Knabe, mit Freuden zu dem Schul=
mann! Es war ein freundlicher, junger
Mann, der die Weberkunst in den Neben=
stunden treibt. Morgen gleich soll der Junge
anfangen in die Schule zu gehen; der mir
die Hand küßte und vor Freuden nicht wußte
was er sagen sollte. Ich werde fortfahren
mich nach ihm zu erkundigen. O wie könnte
man mit Wenigem armer Leute Kinder glück=
lich machen!

Meine Rückreise machte ich über Brunnen
und Schwyz. An beyden Orten habe ich mich
nicht aufgehalten, außer daß ich zu S c h w y z,
weil ich eben die Leute in die Kirche gehen
sah, auch selbst in die Kirche gieng, oben
bey der Orgel den Gottesdienst mit ansah,
das Volk von nahem betrachtete; denn ich

liebe auch darum in die Kirche zu gehen,
weil ich sie als Versammlungs = Orte aller
Geschlechter und Stände ansehe, wo jede
Volks=Charakteristik am besten gemacht wer=
den könnte. Die Männer kamen meistens in
blauen Mänteln; der Putz der Weiber hat
etwas ähnliches mit der bayerischen Natio=
naltracht. Ueberhaupt ist in allen katholischen
Ländern, die Gewohnheit gleich, daß die
gemeinen Männer in blauen, oft sehr abge=
schabten Regenmänteln in die Kirchen gehen.—
Die Mannschaft scheint im Ganzen von gu=
ten Körperanlagen zu seyn; freylich sah ich
auch eine Menge von mittlerer und geringer
Statur. Die Gesichtsfarbe ist aber überhaupt
nicht frisch, weder bey dem weiblichen noch
männlichen Geschlecht. — Jenseits dem Fleken
Schwyz, soll ein Dorf seyn, wo durchaus recht
schönes Mannsvolk gefunden wird. Die Leute
sind gutartig, nicht zänkisch, nicht schreyend,
nicht lärmend. Still gehen sie ihres Wegs;
es gibt alte 70 und 80 jährige Männer die

nie verheyrathet waren: auf den Bergen sind sie muntrer als im platten Lande. An Klöstern habe ich in Uri, Schwyz, Zug, nur allein Kapuziner Klöster angetroffen; sie sind bey dem Landmann die beliebtesten, denn sie drücken das Land nicht, und die P. P. Kapuziner sind meistens umgängliche, gutmüthige, bescheidene Menschen.

Das Hedlingerische Medaillenkabinet zu Schwyz, welches die Erben sonst den Fremden geöffnet haben, wird, wie man mich versichern wollte, jezt niemand mehr gezeigt. Ein angesehener Reisender hatte sich diesen Sommer anderthalb Tage blos darum am Ort Schwyz verweilt, um es möglich zu machen; es ist ihm aber doch nicht gelungen.—

Von Schwyz gieng ich auf Lowerts. Man hatte mir soviel von dem schönen Lowertssee erzählt, daß ich diese Reise jeder andern Route vorzog. Aber meine Erwartung ist nicht befriediget worden. Ein kleiner See macht überall keinen Effect. Das Wort

See giebt mir eine große Idee, und diese kann ein leicht zu übersehendes Wasserbecken nicht geben. Auch das ganz kleine Inselchen auf diesem See, genannt Schwanau, ist unordentlich und verwildert. Auf der ganzen Landschaft und an den benachbarten Anhöhen erscheinen nur wenige Häuser; das Land ist nicht belebt und gering angebaut, alles ist sehr melancholisch.

Wo der Ackerbau nicht blühet, da gedeihen auch die Künste und Gewerbe nicht. Daher siehet man hier in den kleinen Cantonen so wenig merkwürdiges von menschlichen Händen gemacht. Viehzucht ist der erste und letzte Reichthum. Selbst an den nothwendigern Handwerkern fehlt es. Hölzerne geflochtene Strohsessel lassen sie sogar bis von Bern kommen. Tyroler sind ihre besten Steinhauer und Baumeister. In Unterwalden sah ich einen Wirth der aus Mangel eines Arbeiters sich selbst eine Commode, Tisch und Stühle bästelte, und zwar geschickt genug.

Hinauf auf den Riggi! — So rief ich zu Lowerts und nahm einen Begleiter mit. In 3 Stunden sind wir droben. Ja, wer so die Berge steigen könnte wie ihr Bergbauern, der käme wohl noch früher an. Ich wollte aber meine Reise gemächlich thun, ausruhen und Standpunkte nehmen wo es mir gefiel, und so brachte ich von 1 Uhr bis 5 Uhr zu, als wir beym Kapuzinerkloster und neben bey im Wirthshaus ankamen. Ich war herzlich satt des Bergsteigens, und da eben ein Gewitter sich zusammenzog, so blieb ich jetzt in der Hütte, aß Honig, frische Butter, trank Caffee und gieng früh zu Bette um des andern Morgens die Höhe zu ersteigen, wozu noch eine gute halbe Stunde bis auf Riggistoffel erfordert wird; geht man aber auf die Berg=spitze Kulm, so hat man noch eine gute Stunde vom Kloster hinauf. Ich wollte die Sonne aufgehen sehen; es war aber neblicht, schwere Dunstwolken stiegen aus der Erde, und erst gegen 6 Uhr konnte ich das Land unter

mir sehen. Alle Berge waren wie weggewischt;
Der einzige Pilatus ragt noch kühn gegen
über in Majestät hervor, die andere mindere
Berge scheinen ebenes Land. Nie war mir
ein Anblick sonderbarer! Der Nebel ver-
hinderte mich in die Weite zu sehen, da man
sonst bis Constanz hinaus blickt. Ich staunte
und schwieg stille — beynahe eine Stunde lang
gieng ich auf der Höhe hin und her, hatte
bald diese bald jene Gegend sich öfnen sehen,
und nun erkannte ich, daß bey allen Bergen
die man ersteigt, keiner die Mühe so gut wie
dieser, belohnt; denn man wird mit Betrachten nicht fertig. Aber bey aller Schönheit
lasse man doch die Warnung nicht unbemerkt:
Der Riggi preßt beym Steigen Schweißbäche,
ja selbst Blut aus. Rauhe Lüfte wehen zwischen durch bey der größten Hitze, und können
gefährliche Krankheiten zuziehen. Beym Herabsteigen muß man sich sehr in Acht nehmen,
da man oft hohe Sprünge thun muß, und
wenn man ausglitscht, leicht unglücklich seyn
kann; so wie vor 2 Jahren ein Winterthurer

das Genick gebrochen, und ein Zuger, der eine Schotten = Kur oben auf dem Berge gebrauchen wollte, bey der heftigen Luft bald ausgeathmet hatte.

Im Herabsteigen unterhielt ich mich mit meinem Gefährten, es war der Wirthsfohn von Lowerts, (im Canton Schwyz) ein Glied der Landsgemeinde. Ich fragte ihn allerley. Alle Fremde die runde hohe Hüthe tragen, sind bey den Bauern gar übel empfohlen, denn sie halten sie alle für Franzosen. Der Obstwein gilt jezt 1 Batzen die Maas. Schulgeld für ein Kind ist 3 Angster und 1 Scheit Holz. (18 Angster machen 1 Batzen). Wer für 4 und 5 tausend Gulden liegende Güter hat, ist schon wohlhabend; die reicher sind, Haus und Feld und Vieh besitzen, erhebt man gleich zu den Vornehmen. Baares Geld ist rar. Fünf Prozent ist jezt das wenigste was man Geld=Zins vom Capital giebt; oft zahlt man bis $7\frac{1}{2}$ Prozent. — 5000 Stimmgeber sind jezt in der Landsgemeinde. — Für ein

uneheliches Kind zahlt man eine gewiße Zeit=
lang wöchentlich an den Landamman 1 Krone
Strafgeld; das erste Jahr ernährt das Weibs=
bild das Kind, hernach versorgt es der Vater
allein, oder so sie beyde arm sind, hält man sie
gleich anfänglich dazu an, sich gemeinschaftlich
zu helfen. — Nach Mayland sind vormals
viele uneheliche Kinder verschickt worden. Alle
geringe Geldsorten gehen in den kleinen Can=
tonen; man siehet alle erdenkliche schlechte
Kupfermünzen aus Wallis und Deutschland.
Ihr Maas und Gewicht ist eben so verschie=
den. Noch erzählte mir der Wirthssohn von
Lowerts, daß bey seinen Glaubensgenossen
die Versäumung der H. Messe eine schwere
Sünde sey; und daher mag es auch kommen,
daß auf einem neuesten Einladungszettel für die
Schützen in Unterwalden ausdrücklich dabey
angekündiget wird — es werde Täglich so lang
der Schiessend daurt, eine H. Messe gehalten
werden.

Der schöne Riggiberg, der so fruchtbar

seyn könnte, ist doch voll Unkraut; die so=
genannten Roßhufen und Farren wach=
sen da auf Stunden langen Feldern wild
empor. Kein Vieh rührt diese Kräuter an,
sie sind blos noch gut zur Streue.

Von Art schiffte ich über den Zugersee,
und brauchte 3 Stunden. Ich zahlte 2
Rubel, den Rubel nennen sie hier die
halbe bayrische Gulden von $7\frac{1}{2}$ Batzen das
Stück; dieses Geld ist hier stark coursierend. —
Die Stadt Zug scheint mir ehemals noch
wohlhabender als heut zu Tag gewesen zu
seyn; die alten Häuser sind solid gebaut,
und ich vermuthe, daß bey der Reforma=
tion manche reiche Zürcher Familie sich hie=
her gezogen, die lieber katholisch bleiben
wollte. Es sind mir einige solcher Namen
von Geschlechtern bekannt. Jezt scheint der
Ort ziemlich abgelebt. Es sollen nicht 10
Häuser seyn, wo mehr als eine einzige
Haushaltung wohnt. Auf den Gassen sah
ich ziemlich dickes Gras wachsen. Das neue

Quartier, so nach dem letzten Brand aufge=
baut wird, stehet bald vollendet da. Das
Hauptgebäude wird ein neues Wirthshaus.

Ich fand mich allemal sehr melancholisch
an einem Orte, wo ich wenige Menschen an=
traf, so angenehm mir sonst Zug gewesen wäre,
so ist es mir doch bange geworden da zu
verweilen.

Ich weiß nicht was es mit der Bevölke=
rung in der Schweiz für eine Bewandtniß
hat. Aller Orten sagen die Leute sie hätten
mehr Menschen wie sonst, und doch ist über=
all Mangel an thätigen Händen. Das
kommt vermuthlich daher: Man nimmt nur
Taglöhner und Söldner an; Hintersassen,
die nie keine wahre Bürger werden können,
und ihre Kinder fallen dem Land nur zur
Last. Der wahre Eingebohrne, der seinen
Wohnort auch sein Vaterland nennen kann,
nur dieser giebt einen Zuwachs der dem
Staat wohl thut, die andern sind nur die
wie Pilze sich anhängen, ihren ephemerischen

Tag leben, und so ihre Existenz fortschleppen ohne irgend einen für den Staat erwachsenden Nutzen. Die politische Rechenkunst lehrt: daß nur der Mensch in der Staats-Waagschale etwas wiegt, der Proprietät, d. i. Eigenthum und Stimmrecht hat. Alles andere sind Nullen.

Die katholischen Schulen sind in diesen kleinen Cantonen noch wie zu der Großväter Zeiten. Da denkt wohl schwerlich jemand an eine Verbesserung, die dem Fortschritt des Menschengeistes gemäs wäre; denn Stillstand soll in der Natur wie in der Geisterwelt nicht seyn, und wir Menschen gehören zum Geisterreich; wir sollten also auch unsere Seelen ausbilden, daß sie zu weitern Einsichten gelangen könnten. Das gemeine Hausbuch der Katholiken ist hier zu Land: Goffine christkatholisches Unterrichtungsbuch und die Einsiedler Gebetbücher. Ach, wenn doch nur Rochow Kinderfreund, der im

Oestreichischen in katholischen Dorfschulen gebraucht wird, auch hier Eingang fände, so würden die Alten von den Kindern lernen können! Im Luzernergebiet soll kürzlich ein Prediger gestorben seyn, der unter seinen Gemeindsgliedern recht viel Gutes auf diese Weise ohne Aufsehen zu machen, stiftete. Ueberhaupt fand ich in der Stadt Luzern die besten Schulbücher der Protestanten, als Lehrbücher in den Händen der Studirenden.

Hier in diesen Gegenden wallfahrten auch beständig Leute aus allen katholischen Landen. Man siehet darunter manchen Krüppel, manchen halb Wahnsinnigen, manch wandelndes Todtengerippe, die alle auf Einsiedeln ziehen oder von Einsiedeln kommen. Auch auf den Riggi hinauf wallfahrten sie zu der Kapelle genannt: Maria zum Schnee.

Der beständige Anblick dieser traurigen Pilgerleute muß auch selbst die Heiterkeit

bey andern stören. Ich halte viel auf ein
fröhliches Volk, und möchte es mir von keinen Kopfhängern von welcher Religion sie
auch sind, verderben lassen. Ein fröhliches
Volk hat auch einen freyen Karakter. Es ist
genießbar für alle die sich ihm nähern; ein
mürrisches trauriges Volk taugt weder für
die Erde noch für den Himmel; das stets
im Betrachten begriffene Hinsinken des Gei-
stes tödtet alle Menschenfreundschaft. Aus
einem fröhlichen Volk kann man alles machen,
es ist auch meistens gut. Eine traurige
Geistesstimmung hemmt allen frohen Genuß
des Lebens. Was ist auch das Eheglück,
die Vaterfreude, das Vaterlandsglück, ohne
ein fröhliches Herz? und ich glaube selbst es
sey eine große Sünde, die Erde Gottes mit
düstern Augen zu betrachten, wenn überall Größe, Schönheit, Freyheit das Wahr-
zeichen ist. Doch ist es ein großer Unter-
schied zwischen fröhlichen und ausgelaßenen
frechen Menschen, diese haße ich noch weit

mehr als die Morosen. — Hoch auf den
Bergen sah ich mehrentheils lustige Leute,
im Thal mögen sie schon nicht so viel mit
den Fremden sich abgeben; der einsame
Bergbauer auf den hohen Flüen sieht jeden Fremden gerne, er ist ihm willkommen,
er fragt ihn aus, und er sagt ihm auch
wieder alles was er weiß, und was man
zu wissen begehrt.

Armuth drückt auch manchen Schweizer-
Hausvater, der nicht zu den Lüderlichen
gezählt werden muß. Man darf wahrlich
nicht glauben, daß der Schweizer-Land-
mann so wenig wie der Städter, durch-
gängig im Wohlstand stehe; es giebt der
Hausarmen, der Hauswirthschaften ohne
Mittel, selbst solcher die Land besitzen und
Haus und Hof haben, und arm und ver-
schuldet sind, mehr als man glaubt. Im
Z *** Gebiet traf ich einen Landkrämer
an, so von Hof zu Hof ziehet, Haus-
tücher, Leinwand verkauft; der hat mir

gestanden, daß er weit im Land viele böse
Schuldner habe, in Häusern wo man es
nicht glauben sollte, wo er seit 8 und 10
Jahren nichts bekommen konnte. An einen
solchen Hof gieng ich mit ihm hin, ich
glaubte dort wäre Ueberfluß, und die Frau
wo der Krämer seit 4 Monathen 6 Gulden
zu fordern hatte, bekannte, sie habe keinen
halben Gulden im Hause. Er soll wieder
kommen, in 3 Wochen müße er wenigstens
den halben Theil erhalten.

Meine Reise von Horgen nach Zürich
gieng am See hin durch Gärten und Frucht=
felder, und wo ich stets gegen über die noch
schönere linke Seite des Sees im Gesicht
hatte. Oft ruhete ich und stund stille in
Betrachtungen und weidete mein Auge.
Eine menschenfreundlichere Landschaft giebt
es doch nicht in unserm Schweizerlande wie
diese; da ist Haus an Haus, Dorf an
Dorf, Schloß an Schloß, Kirche an Kir=
che. — Aber wie kommts, daß diese sanfte

Gegend so viele rauhe Menschen hat? Nichts
war mir auf meiner Reise schrecklicher, als
wenn ich Weiber die gröbsten Worte und
die entsetzlichsten Flüche ausstoßen hörte,
und solcher fand ich am See hin doch viele.

Wer aus Deutschland kommt und nicht
eine weitere Reise in die innern Gebürge
der Schweiz machen will, dem kann ich die
Reise über den Zürchersee anrathen, um
einen der vortheilhaftesten Begriffe von der
Schweiz zu bekommen; aber er muß oft
an's Land steigen, da wird er viele der
reizendsten Naturscenen des Vaterlands sehen;
hier ist gleichsam die Schweiz in Miniatur.

Zu Zürich hörte ich beym Nachteſſen
eine naive Emigrantenhistorie, die vielleicht
manchen zu lachen machen wird. Zwey
Emigranten ließen in einem benachbarten
demokratischen Canton schon vor 4 Jahren
sich einkaufen, kamen aber nie selbst zum
Vorschein. Kein Mensch dachte mehr an
sie. Nun bey der letzten Flucht aus Conſtanz

kamen diese zwey, mit ihrer sogenannten
sämtlichen Familie, zusammen gegen 40 Personen, in der neu erworbenen
Heimath an, brachten alle ihre Bagage auf
mehreren schweren Frachtwagen mit, und
bevölkerten so auf einmal einen sonst kleinen
Ort bis zum Uebermaas!

Ob ich gleich schon oft in Zürich war,
so fielen mir doch dießmal besonders die Guck-
fensterchen auf, die vor jeder Wohnstube
angebracht sind! So neugierig und doch so
commod bauten die Alten!

In Zürich aß ich wieder gutes wohl-
schmeckendes Brod, so mir auf meiner Reise
sehr gefehlt hat. Oben auf dem Riggi aß
ich das beste.

In Baden sah ich die deutsche Comödie.
Aber warum ums Himmels willen für
Schweizer so entnervende elende Spiele des
Kotzebue's, des Brezners und aller der Klein-
männer die nur Weiberlaunen schmeicheln,

eine empfindelnde Kraftsprache reden, die
dem Mann von gesundem Herzen Eckel er=
regt! Müßen und sollen Schweizerweiber
und Schweizermädchen nicht erröthen, wenn
sich ein solches Gecken= und Affenspiel der
Liebe vor ihren Augen aufthut? Wollen
wir auch wie die Münchner, Wiener,
Manheimer, Dresdner, Berliner eine to=
tale Weiber=Revolution hervorbringen, wo
vom Theater allein alle Bürgermädchen so
von Empfindeley und Koketterie angesiekt
worden, daß kein gesunder natürlicher Bür=
ger mehr eine brauchbare Gattin bekommen
kann, wo die Kinderzucht so verdorben ist,
daß viele Familien sich in den elendesten
Umständen befinden? — O ewig seyst du ge=
priesen, Schweizer großer Patriot! der du
in Bern das Schauspiel zum Staatsver=
brechen gemacht hast, daß keine Comödie
so leicht aufgeführt werden kann! daß kein
einschmeichelnder Theaterdirektor oder ei=
ne schlaue löckische Comödiantinn dieses

Staatsgesetz so leicht unterminiren kann! Warum ist doch der Deutsche so undeutsch geworden; warum ahmt er alles bis zur Sclaverey den Franzosen nach? — Deutscher Theatergenius! Du hattest ehemals Hanswurste und Hofnarren, und die hatten manche dumme Gebräuche gezüchtiget, und die Sitten gebeßert in lachendem Tone; — jetzt sollen wir die langweiligen moralischen Tiraden anhören, die ein geckischer Kerl oder eine geputzte öfters schon durch den Ruf verdächtige Nymphe herdeclamirt! — Wie arm müßen wir an Sitten seyn, wenn wir sie von solchen Lehrmeistern oder Lehrerinnen hören sollen! Wäre ich Polizeydirektor, kein Schauspiel, (wenn ja gespielt werden soll) dürfte mir aufgeführt werden, worüber Mütter, Väter, keusche Töchter in Verlegenheit kommen und sich schämen müßen, sie mit anzusehen. Auch die Kleidung müßte bescheidener seyn; alle Stücke müßten so nationalunschädlich seyn, wie die Personen

selbst, die sie aufführen, sich durch gute, be=
scheidene Sitten empfehlen sollen.

Zwey junge Franzosen waren auf der
Landstraße gegen Lenzburg, und bettelten
bey einem vornehmen Reisenden um Allmo=
sen; dieser frug sie wohin? Sie kommen
von der Armee, seyen Tambours und erst
15 Jahr alt. — Du sollst was haben, aber
rufe: Vive le Roi! die Antwort war: va
te faire f.....!

Zu Morgenthal war eine Bauernscene wo
es wieder bunt durch einander hergieng;
die Leute tanzten in einer engen Stube,
alles war voll Gäste, die sangen, tranken
und liebten. — Endlich gegen 10 Uhr, wo
alle Köpfe erhitzt waren, gieng es an ein
entsetzliches Fluchen und die Kläpfe folgten
bald darauf. Da wurden sie endlich alle
handgemein; alles war toller als je eine
Bataille seyn kann. Fünf wurden zur Stie=
ge hinabgestoßen. — Mich wundert, da man
so viele Schweizer=Costüme von allen Arten

macht, warum unſere Künſtler nicht auch ſolche eigentliche National=Stücke liefern?

Bettelbuben die Menge! auf dem Felde vor Bützberg! Wer ſollte das glauben! halbe Stunden lang verfolgen ſie die Rei= ſenden mit Purzelſpringen, Capriolen und allerley ſittenloſen Geſten. Einige ſtellen ſich auf die Köpfe und laßen alles ſehen. Wer ſolchen muthwilligen Buben Allmoſen geben kann, iſt ein Feind des Vaterlandes. Ich ſah Fremde die ſolche Buben und Mäd= chen noch muthwillig mißbrauchten und ſie zu allerley ungeſitteten Sprüngen anreizten. Hel= fe doch wer helfen kann dieſem Uebel ſteuern !

Meine Schlußanmerkung iſt:

Ich glaube feſt und gewiß, daß die allerwe= nigſten Schweizergeſchichtſchreiber das Land und die heutigen Einwohner genau geſehen ha= ben, die ſie ſo allgemein ſchildern; ihr Urtheil würde in vielem ganz anders ausgefallen ſeyn. Wenigſtens haben ſie gewiß nicht den freyen ungezwungenen Blick mitgebracht,

noch die gehörige Freymüthigkeit und Ener=
gie bewiesen, das zu einem solchen Urtheil
berechtigt. — Ich will nicht Beyspiele geben,
denn wie überall, so auch hier — exempla
sunt odiosa, und ich behalte gerne meine
individuelle Stimmenfreyheit, ohne daß ich
sie andern aufdringen will. Aber Behut=
samkeit den Lesern zu empfehlen, das glaube
ich als Bücherkenner zur Pflicht zu haben.
Hier doch noch eine Anmerkung: — Wie
unendliche Abstufungen laßen nicht Jahrhun=
derte zu! Wie verändert sich unaufhörlich
der Geist der Zeit! Aus den Franzosen
wurden alte Römer*), aus den alten Rö=
mern wurden feige Memmen; das Blut
das in dem edlen Ahnherrn floß, gehet oft
durch seinen Sprößling in eine unwürdige

---

*) Nicht daß ich die Thaten der Römer für edel
und groß und wohlthätig für die Menschheit
ansehe, aber sie zwangen die Welt zum Ge=
horsam, wie es jezt die Franzosen thun mögen;
daher mag die Parallele hier paßen.

Metze über. So wird auch der Stamm versetzt oder er verlieret seinen Schatten, seine Nachbarn werden ihm weggenommen; der schönste Eichenwald wird zuletzt eine Wildniß, und eine Wildniß wird angebaut und wird edles Land. So arbeitet die Natur — und so in uns der Trieb der Neuheit, der Veränderung, der Mode. — Die Menschen sind morgen nicht was sie heute waren! oder sollte es bey den Alpenbewohnern anders seyn? sollten sie weniger von der Welt wissen? Aber kennen wir nicht alles was die Zeit bringt? reisen wir nicht? sehen wir nicht unaufhörlich Fremde? gehen wir nicht in alle Weltgegenden in Kriegsdienste? — O, ich frage, wie ist es dir Mann, der du dieses liesest? Fühlst du nicht ein Fünkchen Wahrheit in diesen Worten? Die Welt ist eine Kugel — alles wälzt sich der Veränderung zu!

Es giebt gewiß noch, und in jedem Canton, sey er reformirt oder katholisch, eine Menge redlicher, kraftvoller Hausväter,

gute Söhne braver Väter, Kinder guter Ehen;
aber jedes Zeitalter hat seine eigene Tugenden,
jedes Zeitalter hat seine eigene Laster. —
Bald ist diese Modesünde herrschend, bald
eine andere. In den ältern Zeiten mag
Kriegssucht, Schwerdt, Bogen und Helle-
barde das Lieblingsspiel der Schweizer gewesen seyn, — die Helden die im Streit
fielen, haben das Vaterland hoch erhoben
und ihm Ruhm und Geld erworben, die
spätern Enkel genießen dieses Ruhms, ver-
zehren dieses Geld; andere Leidenschaften
haben sie zu beherrschen angefangen: ein-
heimische Gewalt, Streitsucht
mit ihres Gleichen, Gemächlich-
keit, Wollust. — Dadurch wurden die
Familien sich fremde, der Geist der Po-
pularität gestört, der Eigennutz (Egoismus)
allgemein. — —

So weit gehen meine Beobachtungen und
Empfindungen auf dieser kurzen Reise!

Geschrieben Ende Augusts 1796. J. G. H.